Frei Darlei Zanon, ssp

JOVENS COM CRISTO

NO CAMINHO DA CRUZ

Todos os direitos reservados pela Paulus Editora. Nenhuma parte desta publicação poderá ser reproduzida, seja por meios mecânicos, eletrônicos, seja via cópia xerográfica, sem a autorização prévia da Editora.

Direção editorial: Frei Darlei Zanon
Gerente de *design*: Danilo Alves Lima
Coordenação de revisão: Tiago José Risi Leme
Preparação do original: Caio Pereira
Diagramação: Danilo Alves Lima
Ilustrações: IAS Agência
Impressão e acabamento: PAULUS

Dados Internacionais de Catalogação na Publicação (CIP)
Angélica Ilacqua CRB-8/7057

Zanon, Darlei
   Jovens com Cristo : no caminho da cruz / Darlei Zanon - São Paulo : Paulus, 2023.
   Il., color (Coleção Via Crucis)

ISBN 978-65-5562-775-6

1. Jesus Cristo - Via-Sacra – Literatura infantojuvenil
2. Orações I. Título II. Série

23-0001   CDD 232.96

Índice para catálogo sistemático:
1. Via-Sacra – Literatura infantojuvenil

Seja um leitor preferencial **PAULUS.**
Cadastre-se e receba informações
sobre nossos lançamentos e nossas promoções:
paulus.com.br/cadastro
Televendas: **(11) 3789-4000 / 0800 016 40 11**

1ª edição, 2023

© **PAULUS** – 2023

Rua Francisco Cruz, 229
04117-091 – São Paulo (Brasil)
Tel.: (11) 5087-3700
paulus.com.br
editorial@paulus.com.br

ISBN 978-65-5562-775-6

© **PAULINAS** – 2023

Rua Dona Inácia Uchoa, 62
04110-020 – São Paulo (Brasil)
Tel.: (11) 2125-3500
paulinas.com.br
editora@paulinas.com.br

ISBN 978-65-5808-193-7

VIA CRUCIS

Sinal da cruz

*Oração inicial**

Ó Cristo crucificado e vitorioso, a tua via-sacra é a síntese da tua vida; é o ícone da tua obediência à vontade do Pai; é a realização do teu infinito amor por nós pecadores; é a prova da tua missão; é o cumprimento definitivo da revelação e da história da salvação.

Jesus crucificado, reforça em nós a fé, que não ceda diante das tentações; reaviva em nós a esperança, que não se perca seguindo as seduções do mundo; conserva em nós a caridade, que não se deixe enganar pela corrupção e pela mundanidade. Ensina-nos que a cruz é caminho para a ressurreição. Amém!

Canto penitencial.

---

*Oração do papa Francisco ao final da *via crucis* no Coliseu, Roma, 3/4/15.

JESUS É CONDENADO À MORTE

Nós vos adoramos, ó Cristo, e vos bendizemos.
Porque, por vossa santa cruz, redimistes o mundo.

Escutar a Palavra (Mt 27,22-23.26)

Pilatos perguntou: "E o que vou fazer com Jesus, que chamam de Messias?" Todos gritaram: "Seja crucificado!" Pilatos falou: "Mas que mal fez ele?" Eles, porém, gritaram com mais força: "Seja crucificado!" Então Pilatos soltou Barrabás, mandou flagelar Jesus, e o entregou para ser crucificado.

Escutar o papa Francisco (GE 118-119)

A santidade que Deus dá à sua Igreja vem através da humilhação do seu Filho: esse é o caminho. A humilhação faz-te semelhante a Jesus, é parte ineludível da imitação de Jesus: "Cristo padeceu por vós, deixando-vos o exemplo, para que sigais os seus passos" (1Pd 2,21). [...] Não me refiro apenas às situações cruentas de martírio, mas às humilhações diárias daqueles que calam para salvar a sua família, ou evitam falar bem de si mesmos e preferem louvar os outros em vez de se gloriar, escolhem as tarefas menos vistosas e às vezes até preferem suportar algo de injusto para oferecê-lo ao Senhor.

Escutar o coração

Jesus é humilhado em praça pública e condenado à morte de cruz, a pena mais desprezível que existia no seu tempo. Ainda hoje, muitas pessoas são humilhadas por fazer o bem, por colocar-se ao lado dos excluídos, por defender os frágeis e perseguidos. Quantas vezes nós mesmos fomos vítimas de ofensas, de *bullying*, de humilhação, dos insultos dos *haters* nas redes sociais... Às vezes, devemos nos afastar da "multidão" para discernir com prudência e autonomia. Jesus nos ensina que o bem sempre vence e sempre vale a pena. A humilhação passa; o que dura para sempre é o amor.

Rezemos juntos

Senhor, fazei de nós instrumentos do vosso amor!

Pai-nosso / canto penitencial.

JESUS TOMA A CRUZ SOBRE OS SEUS OMBROS

Nós vos adoramos, ó Cristo, e vos bendizemos.
Porque, por vossa santa cruz, redimistes o mundo.

Escutar a Palavra (Jo 19,17)

Jesus carregou a cruz nas costas e saiu para um lugar chamado "Lugar da Caveira", que em hebraico se diz "Gólgota".

Escutar o papa Francisco (GE 92 e 94)

A cruz, especialmente as fadigas e os sofrimentos que suportamos para viver o mandamento do amor e o caminho da justiça, é fonte de amadurecimento e santificação. Lembremo-nos disto: quando o Novo Testamento fala dos sofrimentos que é preciso suportar pelo Evangelho, refere-se precisamente às perseguições. [...] As perseguições não são uma realidade do passado, porque hoje também as sofremos, quer de forma cruenta, como tantos mártires contemporâneos, quer de maneira mais sutil, através de calúnias e falsidades.

Escutar o coração

Jesus é vítima de uma injustiça. Quantas vezes também nós somos injustos, através das nossas palavras que ferem, das nossas omissões, do nosso medo de enfrentar as dificuldades e exigir justiça, da nossa hesitação em interceder por alguém que está sendo oprimido... São tantas as situações cotidianas que gritam por justiça, e muitas vezes nós simplesmente nos afastamos, fechamos os olhos e os ouvidos, fugimos.

Rezemos juntos

Senhor, fazei de nós instrumentos da vossa justiça!

Pai-nosso / canto penitencial.

JESUS CAI PELA PRIMEIRA VEZ

3ª ESTAÇÃO

Nós vos adoramos, ó Cristo, e vos bendizemos.
Porque, por vossa santa cruz, redimistes o mundo.

Escutar a Palavra (Mt 27,30-31)

Os soldados cuspiram nele e, pegando a vara, bateram na sua cabeça. Depois de zombarem de Jesus, tiraram-lhe o manto vermelho, e o vestiram de novo com as próprias roupas dele; daí o levaram para crucificar.

Escutar o papa Francisco (CV 83)

Nos jovens também estão os golpes, os fracassos, as tristes memórias gravadas na alma. Muitas vezes, "são as feridas das derrotas da própria história, dos desejos frustrados, das discriminações e injustiças sofridas, de não se sentirem amados ou reconhecidos". Além disso, "estão as feridas morais, o peso dos próprios erros, o sentimento de culpa por ter se equivocado". Jesus se faz presente nessas cruzes dos jovens, para oferecer-lhes sua amizade, seu alívio, sua companhia que cura, e a Igreja quer ser seu instrumento nesse caminho para a restauração interior e a paz do coração.

Escutar o coração

Jesus não suporta o peso da cruz. Cai, não por ser fraco ou incapaz, mas porque, improvisamente, aquela cruz se tornou muito mais pesada, assumindo todos os nossos sofrimentos, fracassos, dores, frustrações. A primeira queda de Jesus nos recorda as nossas primeiras experiências do mal e do pecado, quando não tivemos forças para suportar a tentação. Jesus nos ensina a recomeçar, retomar o caminho, juntar nossas forças para seguir em frente, apesar de toda a dor e da adversidade. Jesus nos enche de coragem para nos reerguermos... Sempre!

Rezemos juntos

Senhor, fazei de nós instrumentos da vossa fortaleza!

Pai-nosso / canto penitencial.

4ª ESTAÇÃO
JESUS ENCONTRA A SUA MÃE

Nós vos adoramos, ó Cristo, e vos bendizemos.
Porque, por vossa santa cruz, redimistes o mundo.

Escutar a Palavra (Lc 2,34-35)
Eis que esse menino vai ser causa de queda e elevação de muitos em Israel. Ele será um sinal de contradição. Quanto a você, uma espada há de atravessar-lhe a alma. Assim serão revelados os pensamentos de muitos corações.

Escutar o papa Francisco (GE 176)
Maria viveu como ninguém as bem-aventuranças de Jesus. É aquela que estremecia de júbilo na presença de Deus, aquela que conservava tudo no seu coração, e se deixou atravessar pela espada. É a santa entre os santos, a mais abençoada, aquela que nos mostra o caminho da santidade e nos acompanha. Quando caímos, não aceita deixar-nos por terra e, às vezes, leva-nos nos seus braços sem nos julgar. Conversar com ela consola-nos, liberta-nos, santifica-nos. A Mãe não necessita de muitas palavras, não precisa que nos esforcemos demais para lhe explicar o que se passa conosco. É suficiente sussurrar uma vez e outra: "Ave, Maria...".

Escutar o coração
Na dor, Jesus encontra alento no olhar terno da sua Mãe. Olhares silenciosos, mas profundos. Olhares sofridos, mas dóceis. Olhares lacrimejantes, mas que acolhem e fortalecem. Olhares que nos remetem a tantas mães impotentes diante do sofrimento de seus filhos que padecem por uma doença ou vício; e a tantos filhos incapazes de reconhecer no olhar da sua mãe (e no do pai) o abrigo necessário para superar situações de dor. Jovens que preferem afastar-se da família em vez de expor as próprias feridas. É normal o jovem ser questionador e rebelde, mas às vezes é preciso reconhecer as próprias limitações e buscar amparo no olhar materno.

Rezemos juntos
Senhor, fazei de nós instrumentos da vossa ternura!

Pai-nosso / canto penitencial.

JESUS É AJUDADO POR SIMÃO CIRENEU

5ª ESTAÇÃO

Nós vos adoramos, ó Cristo, e vos bendizemos.
Porque, por vossa santa cruz, redimistes o mundo.

Escutar a Palavra (Mt 27,32)

Quando saíram, encontraram um homem chamado Simão, da cidade de Cirene, e o obrigaram a carregar a cruz de Jesus.

Escutar o papa Francisco (GE 76)

A pessoa que, vendo as coisas como realmente estão, se deixa trespassar pela aflição e chora no seu coração, é capaz de alcançar as profundezas da vida e ser autenticamente feliz. Essa pessoa é consolada, mas com a consolação de Jesus, e não com a do mundo. Assim, pode ter a coragem de compartilhar o sofrimento alheio, e deixa de fugir das situações dolorosas. Dessa forma, descobre que a vida tem sentido socorrendo o outro na sua aflição, compreendendo a angústia alheia, aliviando os outros. Essa pessoa sente que o outro é carne da sua carne, não teme aproximar-se até tocar a sua ferida, compadece-se até sentir que as distâncias são superadas. Assim, é possível acolher aquela exortação de São Paulo: "Chorai com os que choram" (Rm 12,15).

Escutar o coração

Jesus também precisa de ajuda. Foi amparado por Simão Cireneu, e hoje pode ser auxiliado por cada um de nós, pois como ele próprio nos disse: "Todas as vezes que vocês ajudaram a um dos menores de meus irmãos, foi a mim que ajudaram" (cf. Mt 25,40). Cada um de nós pode ser disponível, solidário, compassivo com os frágeis e necessitados. Jesus nos mostra que quem ajuda se enche de alegria e força. Não sente o peso da cruz do outro, mas alivia a dor da própria cruz. Quem se coloca à disposição do outro prova uma sensação de realização, de grande alegria, pois essa é uma das formas de amar.

Rezemos juntos

Senhor, fazei de nós instrumentos da vossa compaixão!

Pai-nosso / canto penitencial.

JESUS TEM O SEU ROSTO ENXUGADO POR VERÔNICA

Nós vos adoramos, ó Cristo, e vos bendizemos.
Porque, por vossa santa cruz, redimistes o mundo.

Escutar a Palavra (Mt 25,37-39)
Senhor, quando foi que te vimos com fome e te demos de comer, com sede e te demos de beber? Quando foi que te vimos como estrangeiro e te recebemos em casa, e sem roupa e te vestimos? Quando foi que te vimos doente ou preso, e fomos te visitar?

Escutar o papa Francisco (GE 61)
No meio da densa selva de preceitos e prescrições, Jesus abre uma brecha que permite vislumbrar dois rostos: o do Pai e o do irmão. Não nos dá mais duas fórmulas ou dois preceitos; entrega-nos dois rostos, ou melhor, um só: o de Deus que se reflete em muitos, porque em cada irmão, especialmente no mais pequeno, frágil, inerme e necessitado, está presente a própria imagem de Deus. De fato, será com os descartados dessa humanidade vulnerável que, no fim dos tempos, o Senhor plasmará a sua última obra de arte. Pois o que é que resta? O que é que tem valor na vida? Quais são as riquezas que não desaparecem? Seguramente duas: o Senhor e o próximo.

Escutar o coração
Jesus é ajudado uma vez mais. Após provar a solidariedade e a força masculina (do Cireneu), encontra agora a compaixão e a sensibilidade de uma mulher. Verônica revela a beleza e a alegria do encontro que devem refletir-se sobretudo nos jovens. Ela nos ensina a identificar o sofrimento alheio e reconhecer o rosto de Jesus no próximo, no pobre, no doente, no excluído, no migrante. Convida-nos a deixar que Jesus imprima o seu rosto no nosso coração, para que também nós possamos enxugar a lágrima de quem chora, curar a ferida de quem sofre, limpar o sangue de quem padece, ter "os mesmos sentimentos que havia em Cristo Jesus" (cf. Fl 2,5).

Rezemos juntos
Senhor, fazei de nós instrumentos da vossa sensibilidade!

Pai-nosso / canto penitencial.

JESUS CAI PELA SEGUNDA VEZ

7ª ESTAÇÃO

Nós vos adoramos, ó Cristo, e vos bendizemos.
Porque, por vossa santa cruz, redimistes o mundo.

Escutar a Palavra (1Pd 2,23-24)
Quando insultado, não revidava; ao sofrer, não ameaçava. Antes, depositava sua causa nas mãos daquele que julga com justiça. Sobre o madeiro levou os nossos pecados em seu próprio corpo.

Escutar o papa Francisco (GE 167-168)
Hoje em dia, tornou-se particularmente necessária a capacidade de discernimento. [...] Sem a sapiência do discernimento, podemos facilmente nos transformar em marionetes à mercê das tendências da ocasião. Isso se revela particularmente importante quando aparece uma novidade na própria vida, sendo necessário, então, discernir se é o vinho novo que vem de Deus ou uma novidade enganadora do espírito do mundo ou do espírito maligno. Em outras ocasiões, sucede o contrário, porque as forças do mal induzem-nos a não mudar, a deixar as coisas como estão, a optar pelo imobilismo e a rigidez, e, assim, impedimos que atue o sopro do Espírito Santo.

Escutar o coração
Jesus assume a fragilidade humana. Sua segunda queda mostra que, mesmo quando retomamos o caminho, recuperamos as nossas forças, às vezes podemos voltar a cair, a sofrer, a encontrar dificuldades. Quantos jovens caem todos os dias sucumbidos por suas inquietações, incertezas, fragilidades! São tentados a desistir, a abandonar a escola, a família, um sonho... Alguns caem em depressão e chegam mesmo a pensar em suicídio. Jesus nos ensina a não desistir, a não desanimar, a buscar as forças para nos levantar e retomar o caminho. Ele estará sempre ao nosso lado para nos ajudar a discernir e a superar todo tipo de mal.

Rezemos juntos
Senhor, fazei de nós instrumentos da vossa perseverança!

Pai-nosso / canto penitencial.

JESUS ENCONTRA AS MULHERES DE JERUSALÉM

8ª ESTAÇÃO

Nós vos adoramos, ó Cristo, e vos bendizemos.
Porque, por vossa santa cruz, redimistes o mundo.

Escutar a Palavra (Lc 23,28-29)

Jesus voltou-se e disse: "Mulheres de Jerusalém, não chorem por mim! Chorem por vocês mesmas e por seus filhos! Porque dias virão em que se dirá: felizes das mulheres que nunca tiveram filhos, dos ventres que nunca deram à luz e dos seios que nunca amamentaram".

Escutar o papa Francisco (GE 12)

O "gênio feminino" se manifesta em estilos femininos de santidade, indispensáveis para refletir a santidade de Deus neste mundo. E precisamente em períodos nos quais as mulheres estiveram mais excluídas, o Espírito Santo suscitou santas, cujo fascínio provocou novos dinamismos espirituais e reformas importantes na Igreja. Podemos citar Santa Hildegarda de Bingen, Santa Brígida, Santa Catarina de Sena, Santa Teresa de Ávila ou Santa Teresa de Lisieux; mas interessa-me sobretudo lembrar tantas mulheres desconhecidas ou esquecidas que sustentaram e transformaram, cada uma a seu modo, famílias e comunidades com a força do seu testemunho.

Escutar o coração

Jesus encontrou inúmeras mulheres no caminho do Calvário, assim como havia feito antes, ao longo de toda a sua vida. Ele nutre particular gratidão por cada uma delas. Reconhece que o olhar acolhedor e sereno das mulheres se contrapõe à violência dos soldados e da multidão inconsciente. Jesus exalta a igualdade e o valor da mulher, juntamente com as suas dores, pois sabe que o machismo destrói a sociedade e o projeto de Deus. O presente encontro de Jesus nos impele a pedir perdão por todas as agressões cometidas contra as mulheres e contra todos os que mais sofrem no mundo: jovens e idosos, mulheres e crianças, migrantes e doentes...

Rezemos juntos

Senhor, fazei de nós instrumentos da vossa temperança!

Pai-nosso / canto penitencial.

9ª ESTAÇÃO

JESUS CAI PELA TERCEIRA VEZ

Nós vos adoramos, ó Cristo, e vos bendizemos.
Porque, por vossa santa cruz, redimistes o mundo.

Escutar a Palavra (Jo 12,24-25)
Eu garanto a vocês: se o grão de trigo não cai na terra e não morre, fica sozinho. Mas se morre, produz muito fruto. Quem tem apego à sua vida, vai perdê-la; quem despreza a sua vida neste mundo, vai conservá-la para a vida eterna.

Escutar o papa Francisco (CV 37)
A Igreja de Cristo sempre pode cair na tentação de perder o entusiasmo porque já não escuta o chamado do Senhor para o risco da fé, a dar tudo sem medir os perigos, e volta a buscar falsas seguranças mundanas. São precisamente os jovens que podem ajudá-la a se manter jovem, a não cair na corrupção, a não se acomodar, a não se orgulhar, a não se tornar uma seita, a ser mais pobre e testemunhal, a estar próxima dos últimos e descartados, a lutar por justiça, a se deixar interpelar com humildade. Eles podem oferecer à Igreja a beleza da juventude quando estimulam a capacidade de "alegrar-se com o que está começando, de dar-se sem recompensa, de renovar-se e partir de novo para novas conquistas".

Escutar o coração
Jesus sofre, cai outra vez. Poderia parar, desistir, abandonar o projeto do Pai. Mas ele age com prudência, mantém a serenidade para avaliar e discernir, sabe que o Pai o acompanha. Desse modo, convida cada um de nós a manter-se sempre forte e perseverante, pois o Pai nos sustenta mesmo que caiamos diversas vezes. Quando tudo parece perdido, e estamos por exaurir as nossas forças, descobrimos algo maior que nos impulsiona. Às vezes, uma simples palavra de encorajamento, um sorriso ou um olhar compassivo é suficiente para revelar o amor de Deus e ajudar alguém a se reerguer. E, para tal, Jesus conta com a colaboração de cada um de nós.

Rezemos juntos
Senhor, fazei de nós instrumentos da vossa generosidade!

Pai-nosso / canto penitencial.

JESUS É DESPOJADO DE SUAS VESTES

Nós vos adoramos, ó Cristo, e vos bendizemos.
Porque, por vossa santa cruz, redimistes o mundo.

Escutar a Palavra (Mt 27,33.35)

E chegaram a um lugar chamado Gólgota. Depois de o crucificarem, fizeram um sorteio, repartindo entre si as roupas dele.

Escutar o papa Francisco (CV 107)

Não deixes que te roubem a esperança e a alegria, que te droguem para te usar como escravo de seus interesses. Atreve-te a ser mais, porque teu ser importa mais que qualquer coisa. Não te serve o ter ou o aparecer. Podes chegar a ser o que Deus, teu Criador, sabe que és, se reconheces o muito a que és chamado. Invoca o Espírito Santo e caminha com confiança para a grande meta: a santidade. Assim não serás uma fotocópia. Serás plenamente tu mesmo.

Escutar o coração

Despojado daquilo que é externo, aparente, simbolicamente representado pelas suas "vestes", Jesus revela-se na sua essência. Vivemos de fato em uma sociedade da aparência, líquida, na qual conta muito mais o *ter* que o *ser*. Hoje, somos convidados a nos despir daquilo que é secundário, para podermos mostrar nosso coração, nosso interior, nossa essência. Somos exortados a nos despojar de todas as máscaras que nos impedem de ser autênticos, plenos. Somos chamados a fugir de toda superficialidade, das relações rasas, das aparências enganadoras, dos bens materiais, para nos comprometer com o que é verdadeiro e profundo, para – parafraseando o jovem beato Carlo Acutis – permanecer originais e não morrer como fotocópias.

Rezemos juntos

Senhor, fazei de nós instrumentos da vossa autenticidade!

Pai-nosso / canto penitencial.

11ª ESTAÇÃO

JESUS É PREGADO NA CRUZ

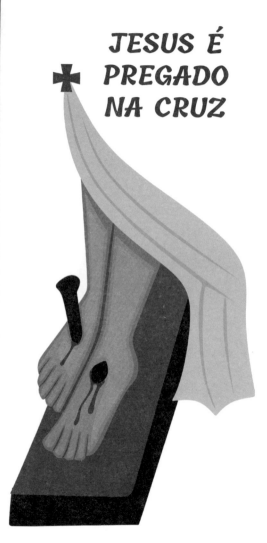

Nós vos adoramos, ó Cristo, e vos bendizemos.
Porque, por vossa santa cruz, redimistes o mundo.

Escutar a Palavra (Mc 15,25-27)

Eram nove horas da manhã quando crucificaram Jesus. E aí estava uma inscrição, com o motivo da condenação: "O Rei dos judeus". Com ele crucificaram dois bandidos, um à direita e outro à esquerda.

Escutar o papa Francisco (CV 118-119)

Cristo, por amor, se entregou até o fim para nos salvar. Seus braços abertos na Cruz são o sinal mais precioso de um amigo capaz de chegar ao extremo: "Tendo amado os seus que estavam no mundo, amou-os até o fim" (Jo 13,1). [...] Esse Cristo que nos salvou na cruz de nossos pecados, com esse mesmo poder de sua entrega total, continua nos salvando e nos resgatando hoje. Olha para a sua Cruz, agarra-te a Ele, deixa-te salvar, porque "quantos se deixam salvar por Ele são libertados do pecado, da tristeza, do vazio interior, do isolamento" (EG, n. 1). E, se pecas e te afastas, Ele volta a levantar-te com o poder de sua Cruz.

Escutar o coração

Jesus toma sobre si o pecado da humanidade. Humildemente se doa por cada um de nós e a cada um de nós. Suas mãos – que sempre estiveram abertas para acolher os doentes, os pobres, os pequenos, para doar o alimento aos famintos, para curar o doente, para erguer o oprimido – agora estão presas à cruz. Há quem queira impedir Jesus de fazer o bem, de acolher, de curar, de servir. Muitas coisas ainda hoje nos fazem perder a liberdade, ser pregados às cruzes do cotidiano, por isso devemos nos questionar: o que ainda me impede de abrir minhas mãos e meus braços? O que me mantém "pregado", aprisionado, incapaz de fazer o bem?

Rezemos juntos

Senhor, fazei de nós instrumentos da vossa humildade!

Pai-nosso / canto penitencial.

12ª ESTAÇÃO

JESUS MORRE NA CRUZ

Nós vos adoramos, ó Cristo, e vos bendizemos.
Porque, por vossa santa cruz, redimistes o mundo.

Escutar a Palavra (Mt 27,50-51)
Então Jesus deu um forte grito, e entregou o espírito. Imediatamente a cortina do santuário rasgou-se em duas partes, de alto a baixo; a terra tremeu, e as pedras se partiram.

Escutar o papa Francisco (CV 122-123)
Jovens amados pelo Senhor, quanto vocês valem se forem redimidos pelo sangue precioso de Cristo! [...] Olha os braços abertos de Cristo crucificado, deixa-te salvar sempre de novo. E quando te aproximas para confessar teus pecados, acredita firmemente em sua misericórdia, que te liberta da culpa. Contempla seu sangue derramado com tanto carinho e deixa-te purificar por Ele. Assim poderás renascer sempre de novo.

Escutar o coração
Jesus dá a própria vida por nós, para a nossa salvação. Doa-se gratuitamente, sem pedir nada em troca, sem sentir raiva ou buscar vingança. Toda a sua vida, na verdade, é marcada pela doação e pelo amor genuíno que é capaz de "dar a vida pelos seus amigos" (cf. Jo 15,13). Jesus, o Verbo encarnado, transmitiu o amor divino a cada um que encontrou ao longo da sua vida pública, mesmo sem ser correspondido ou reconhecido. Contemplando Jesus morto na cruz, devemos nos questionar sobre o nosso grau de doação, sobre nosso nível de empenho e dedicação a sermos solidários com ele, sendo solidários e compassivos com os irmãos.

Rezemos juntos
Senhor, fazei de nós instrumentos da vossa misericórdia!

Pai-nosso / canto penitencial.

13ª ESTAÇÃO

JESUS É DESCIDO DA CRUZ

Nós vos adoramos, ó Cristo, e vos bendizemos.
Porque, por vossa santa cruz, redimistes o mundo.

Escutar a Palavra (Mc 15,43.46)
José de Arimateia encheu-se de coragem, foi a Pilatos, e pediu o corpo de Jesus. Comprou um lençol de linho, desceu o corpo da cruz, e o enrolou no lençol.

Escutar o papa Francisco (GE 29)
As novidades contínuas dos meios tecnológicos, o fascínio de viajar, as inúmeras ofertas de consumo, às vezes, não deixam espaços vazios nos quais ressoe a voz de Deus. Tudo se enche de palavras, prazeres epidérmicos e rumores, numa velocidade cada vez maior; aqui não reina a alegria, mas a insatisfação de quem não sabe para que vive. Então, como não reconhecer que precisamos deter essa corrida febril, para recuperar um espaço pessoal, às vezes doloroso, mas sempre fecundo, em que se realize o diálogo sincero com Deus? Em certos momentos, deveremos encarar a verdade de nós mesmos, para deixá-la invadir pelo Senhor.

Escutar o coração
Jesus deu a vida pelos seus amigos. Seu corpo sem vida é descido da cruz para ser sepultado. Numa cena profundamente dolorosa, vemos expresso também o amor mais verdadeiro: amor de Jesus que se entrega para nos salvar, amor da Mãe que o toma nos braços, amor dos amigos José e Nicodemos, que finalmente assumem o discipulado e já não sentem vergonha de mostrar a própria fé e o amor pelo Mestre. Contemplando Jesus, que morre na cruz, injustiçado, entendemos o seu infinito amor por nós. Ele nos amou não só em palavras, mas através de suas ações e da sua entrega. No luto, no sofrimento, deixemo-nos ser carregados, tomados nos braços pela Mãe, por um amigo, por um irmão, pois a dor é sempre superada com o amor.

Rezemos juntos
Senhor, fazei de nós instrumentos da vossa entrega!

Pai-nosso / canto penitencial.

JESUS É SEPULTADO

14ª ESTAÇÃO

Nós vos adoramos, ó Cristo, e vos bendizemos.
Porque, por vossa santa cruz, redimistes o mundo.

Escutar a Palavra (Mt 27,59-60)
Tomando o corpo de Jesus, José o envolveu num lençol limpo, e o colocou num túmulo novo, que ele mesmo havia mandado escavar na rocha. Em seguida, rolou uma grande pedra para fechar a entrada do túmulo, e retirou-se.

Escutar o papa Francisco (CV 23)
O Senhor "entregou o seu espírito" (Mt 27,50) em uma cruz quando tinha pouco mais de 30 anos de idade (Lc 3,23). É importante estar ciente de que Jesus foi um jovem. Deu sua vida em uma etapa que hoje se define como a de um adulto jovem. Na plenitude de sua juventude, começou sua missão pública e, assim, "uma [grande] luz surgiu" (Mt 4,16b), sobretudo quando deu a sua vida até o fim. Esse final não foi improvisado, pois toda a sua juventude foi uma preciosa preparação, em cada um de seus momentos, porque "tudo na vida de Jesus é sinal de seu Mistério" (CigC, n. 515) e "toda a vida de Cristo é mistério de redenção" (CigC, n. 517).

Escutar o coração
Um túmulo escavado na rocha acolhe o corpo sem vida de Jesus. Entre os discípulos, paira a sombra da tristeza, da desolação, da decepção, da frustração, da dor. Mas o próprio Jesus nos diz: "Eu sou a ressurreição e a vida; aquele que crê em mim, ainda que morra, viverá" (Jo 11,25). Por isso, deve reinar entre nós apenas a esperança: esperança na vida eterna, na ressurreição, na redenção, na conversão, na mudança de vida a partir do exemplo de Cristo. "Não deixeis que vos roubem a esperança", insiste o papa Francisco. Ser jovem é deixar-se inundar pela esperança, é trazer expressa no rosto a alegria da vida que se opõe à tristeza da sepultura.

Rezemos juntos
Senhor, fazei de nós instrumentos da vossa esperança!

Pai-nosso / canto penitencial.

VIA CRUCIS

Oração final*

Senhor Jesus, ajuda-nos a ver na tua cruz todas as cruzes do mundo: a cruz das pessoas que têm fome de pão e amor; a cruz das pessoas sozinhas e abandonadas até mesmo por seus próprios filhos e parentes; a cruz das pessoas sedentas de justiça e paz; a cruz dos pequenos, feridos na sua inocência e na sua pureza; a cruz das famílias despedaçadas pela traição, pelas seduções do mal ou pela homicida superficialidade e pelo egoísmo; a cruz dos teus filhos que, acreditando em ti e procurando viver de acordo com a tua Palavra, se encontram marginalizados e descartados até mesmo por suas famílias e contemporâneos. Senhor Jesus, reaviva em nós a esperança da ressurreição e da tua vitória definitiva contra todo o mal e toda a morte. Amém!

Bênção final

*Oração do papa Francisco ao final da *via crucis* no Coliseu, Roma, 19/4/19.

VIA LUCIS

Oração final
(Oração de São Francisco)
Senhor,
fazei de mim um instrumento de vossa paz.
Onde houver ódio, que eu leve o amor.
Onde houver ofensa, que eu leve o perdão.
Onde houver discórdia, que eu leve a união.
Onde houver dúvida, que eu leve a fé.
Onde houver erro, que eu leve a verdade.
Onde houver desespero, que eu leve a esperança.
Onde houver tristeza, que eu leve a alegria.
Onde houver trevas, que eu leve a luz!

Ó Mestre,
fazei que eu procure mais:
consolar, que ser consolado;
compreender, que ser compreendido;
amar, que ser amado.
Pois é dando que se recebe.
Perdoando que se é perdoado,
e é morrendo que se vive para a vida eterna!
Amém.

Bênção final

Escutar a Palavra (At 2,3-4)

Apareceram então umas como línguas de fogo, que se espalharam e foram pousar sobre cada um deles. Todos ficaram repletos do Espírito Santo, e começaram a falar em outras línguas, conforme o Espírito lhes concedia que falassem.

Escutar o papa Francisco (CV 130)

Nestas três verdades: "Deus te ama", "Cristo é teu Salvador", "Ele vive", aparece Deus, o Pai, e aparece Jesus. Onde está o Pai e Jesus Cristo, também está o Espírito Santo. É Ele quem está por trás. É Ele quem prepara e abre os corações para que recebam esse anúncio, é Ele quem mantém viva essa experiência de salvação, é Ele quem te ajudará a crescer nessa alegria se o deixares agir. O Espírito Santo enche o coração do Cristo ressuscitado e dali se derrama em tua vida como um manancial. E, quando o recebes, o Espírito Santo te faz entrar cada vez mais no coração de Cristo para que te enchas sempre mais de seu amor, de sua luz e de sua força.

Escutar o coração

Cristo comunica seu Espírito, e os discípulos "começam a falar outras línguas". O Pentecostes é o símbolo maior da comunicação universal que a Igreja é chamada a concretizar. O discípulo missionário é enviado a todos, por isso deve comunicar em todas as línguas e linguagens, hoje especialmente a digital. Podemos considerar o Pentecostes como o ponto de partida para a evangelização e a comunhão universal, pois ele é o ponto de contraposição da Torre de Babel, simbolicamente o momento inicial da divisão da humanidade e origem da "não comunicação". No Pentecostes, Cristo convoca todos à comunhão, a restabelecer aquela unidade essencial que existia antes de Babel e que vem muito bem representada na JMJ, com a união de jovens das mais variadas origens, culturas e línguas.

Rezemos juntos

Senhor, fazei de nós instrumentos do vosso Espírito!

Pai-nosso e Glória / canto pascal.

O RESSUSCITADO ENVIA O ESPÍRITO SANTO

14ª ESTAÇÃO

Nós vos adoramos, ó Cristo, e vos bendizemos.
Porque, por vossa Santa Páscoa, remistes o mundo.

Escutar a Palavra (At 1,14)

Todos eles tinham os mesmos sentimentos e eram assíduos na oração, junto com algumas mulheres, entre as quais Maria, Mãe de Jesus, e com os irmãos de Jesus.

Escutar o papa Francisco (CV 43-44)

No coração da Igreja, resplandece Maria. É o grande modelo para uma Igreja jovem, que deseja seguir Cristo com frescor e docilidade. Era ainda muito jovem quando recebeu o anúncio do anjo, não se coibindo de fazer perguntas (cf. Lc 1,34). Mas tinha uma alma disponível e disse: "Eis a serva do Senhor" (Lc 1,38). [...] Maria jogou-se e é por isso que é forte, por isso é uma *influencer*, é a *influencer* de Deus! O 'sim' e o desejo de servir foram mais fortes que as dúvidas e dificuldades".

Escutar o coração

Cristo vive na comunidade reunida. O Espírito Santo anima e impulsiona essa comunidade, mas é fundamental também a presença de Maria, Mãe de Jesus e nossa Mãe. Ela é elemento central e agregador, reunindo os discípulos para invocar o Espírito e mantendo-nos hoje perseverantes na oração e no amor. É ela também a Mãe da Igreja evangelizadora, pois foi a primeira a dar ao mundo o Verbo encarnado. Sua maternidade física recorda-nos constantemente que devemos dar Jesus ao mundo, fazendo com que ele encarne novamente nas mais diversas culturas e realidades atuais, especialmente nas periferias físicas e existenciais da humanidade. Ali Cristo deve ser gerado e crescer, e para isso todos nós podemos contribuir.

Rezemos juntos

Senhor, fazei de nós instrumentos da vossa encarnação!

Pai-nosso e Glória / canto pascal.

COM MARIA, TESTEMUNHAS DA RESSURREIÇÃO

13ª Estação

Via lucis

Nós vos adoramos, ó Cristo, e vos bendizemos.
Porque, por vossa Santa Páscoa, remistes o mundo.

Escutar a Palavra (Mc 16,19-20)
Depois de falar com os discípulos, o Senhor Jesus foi levado ao céu, e sentou-se à direita de Deus. Os discípulos então saíram e pregaram por toda parte.

Escutar o papa Francisco (GE 129)
A santidade é *parresia*: é ousadia, é impulso evangelizador que deixa uma marca neste mundo. Para isso ser possível, o próprio Jesus vem ao nosso encontro, repetindo-nos com serenidade e firmeza: "não temais!" (Mc 6,50). "Eu estarei sempre convosco até o fim dos tempos" (Mt 28,20). Essas palavras permitem-nos partir e servir com aquela atitude cheia de coragem que o Espírito Santo suscitava nos apóstolos, impelindo-os a anunciar Jesus Cristo. Ousadia, entusiasmo, falar com liberdade, ardor apostólico: tudo isso está contido no termo *parresia*, uma palavra com que a Bíblia expressa também a liberdade de uma existência aberta, porque está disponível para Deus e para os irmãos.

Escutar o coração
Cristo volta para junto do Pai e, ao mesmo tempo, exorta-nos a viver a fé com autenticidade. Encoraja os discípulos a ser suas testemunhas em todo o mundo e incentiva também a nós a ser verdadeiros e íntegros no seu seguimento. "Não temais!", repetiu Jesus muitas vezes aos discípulos. "Não temais!" é o que o Mestre continua a dizer a cada um de nós hoje. Cristo estará sempre conosco, por isso não temos o que temer. Somos jovens; nosso testemunho de fé deve ser corajoso, audaz, fervoroso, mas também edificante e promotor de transformação na sociedade, semeando a paz e o amor por onde passarmos.

Rezemos juntos:
Senhor, fazei de nós instrumentos da vossa transformação!

Pai-nosso e Glória / canto pascal.

12ª ESTAÇÃO
A ASCENSÃO DE JESUS

Nós vos adoramos, ó Cristo, e vos bendizemos.
Porque, por vossa Santa Páscoa, remistes o mundo.

Escutar a Palavra (Mc 16,15-16)
Jesus disse-lhes: "Vão pelo mundo inteiro e anunciem a Boa Notícia para toda a humanidade. Quem acreditar e for batizado, será salvo. Quem não acreditar, será condenado".

Escutar o papa Francisco (GE 63-64)
Jesus explicou, com toda a simplicidade, o que é ser santo; assim o fez quando nos deixou as bem-aventuranças (cf. Mt 5,3-12; Lc 6,20-23). Estas são como que o bilhete de identidade do cristão. Assim, se um de nós se questionar sobre "como fazer para chegar a ser um bom cristão", a resposta é simples: é necessário fazer – cada qual a seu modo – aquilo que Jesus disse no sermão das bem-aventuranças. Nelas está delineado o rosto do Mestre, que somos chamados a deixar transparecer no dia a dia da nossa vida. A palavra "feliz" ou "bem-aventurado" torna-se sinônimo de "santo", porque expressa que a pessoa fiel a Deus e que vive a sua Palavra alcança, na doação de si mesma, a verdadeira felicidade.

Escutar o coração
Cristo envia cada um de nós em missão. Cada batizado é um discípulo missionário e tem por missão anunciar o Evangelho no local em que se encontra, às pessoas com quem convive, no contexto no qual está inserido. Todos nós somos convocados a comunicar o Evangelho, tarefa muito exigente. Neste tempo no qual vivemos, marcado sobretudo pela cultura digital, os jovens são chamados a ser protagonistas da evangelização, a levar Cristo e o seu Evangelho sobretudo às redes sociais, ao ambiente virtual. Bem-aventurados os que testemunham a Palavra de Deus na cultura da comunicação, diria hoje Jesus. O beato Carlo Acutis é um exemplo de quem ouviu esse chamado, mas tantos outros podem nos inspirar no caminho de seguimento e testemunho "on-life".

Rezemos juntos
Senhor, fazei de nós instrumentos da vossa missão!

Pai-nosso e Glória / canto pascal.

O RESSUSCITADO ENVIA OS DISCÍPULOS EM MISSÃO

11ª ESTAÇÃO

Nós vos adoramos, ó Cristo, e vos bendizemos.
Porque, por vossa Santa Páscoa, remistes o mundo.

Escutar a Palavra (Jo 21,17)
Pedro disse a Jesus: "Senhor, tu conheces tudo, e sabes que eu te amo". Jesus respondeu: "Cuide das minhas ovelhas".

Escutar o papa Francisco (CV 167)
Deus ama a alegria dos jovens e os convida especialmente a essa alegria de quem vive em comunhão fraterna, a essa satisfação superior de quem sabe compartilhar, porque "há mais felicidade em dar do que em receber" (At 20,35) e "Deus ama a quem dá com alegria" (2Cor 9,7). Que a espontaneidade e o impulso de tua juventude tornem-se cada dia mais a espontaneidade do amor fraterno, o frescor para reagir sempre com perdão, com generosidade, com desejo de construir comunidade. Um provérbio africano diz: "Se queres andar rápido, caminha sozinho. Se queres ir longe, caminha com os outros". Não nos deixemos roubar a fraternidade.

Escutar o coração
Cristo confia a Pedro a liderança do seu rebanho. Nesse profundo e ao mesmo tempo enigmático diálogo entre Jesus e Pedro (Jo 21,15-19), vemos expressa a vontade do Mestre de dar continuidade à missão através dos seus discípulos. São eles que levarão o Evangelho a todos os povos, fazendo com que Cristo possa encarnar em cada rosto humano. Mais importante nesse diálogo, porém, é o sentido de unidade e comunhão que Cristo confere simbolicamente ao apóstolo. Pedro, a rocha sobre a qual se edifica a Igreja, não apenas "apascenta o seu rebanho", mas garante a presença de Cristo junto a nós, guiando-nos e protegendo-nos contra as ameaças do mundo. Nossa fidelidade a Cristo deve hoje se revelar e prolongar, portanto, na fidelidade ao papa, seu sucessor.

Rezemos juntos
Senhor, fazei de nós instrumentos da vossa comunhão!

Pai-nosso e Glória / canto pascal.

10ª ESTAÇÃO

O RESSUSCITADO CONFERE A MISSÃO A PEDRO

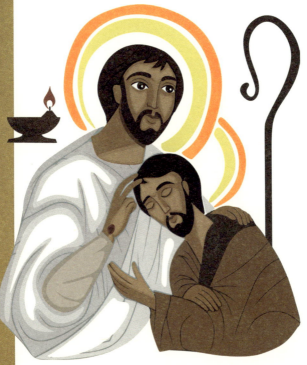

Nós vos adoramos, ó Cristo, e vos bendizemos.
Porque, por vossa Santa Páscoa, remistes o mundo.

Escutar a Palavra (Jo 21,4)

Quando amanheceu, Jesus estava na margem. Mas os discípulos não sabiam que era Jesus.

Escutar o papa Francisco (GE 144-145)

Lembremo-nos de como Jesus convidava os seus discípulos a prestar atenção aos detalhes. [...] A comunidade que guarda os pequenos detalhes do amor, e na qual os membros cuidam uns dos outros e formam um espaço aberto e evangelizador, é lugar da presença do Ressuscitado, que a vai santificando segundo o projeto do Pai. Sucede, às vezes, no meio desses pequenos detalhes, que o Senhor, por um dom do seu amor, nos presenteie com consoladoras experiências de Deus.

Escutar o coração

Cristo encontra alguns discípulos às margens do lago de Tiberíades. Confusos com a condenação e a morte de Jesus, aqueles discípulos foram tentados a retornar à vida anterior, deixando de lado tudo o que aprenderam com o Mestre para voltar a ser simples pescadores. Quantas vezes também nós somos tentados a voltar atrás quando enfrentamos uma dificuldade, ou não vemos claramente o nosso destino! Cristo nos ensina a olhar para a frente, pois ele caminha conosco sempre, mesmo quando somos incapazes de reconhecê-lo. Devemos resistir à tentação de abandonar Jesus, de trocar o Evangelho pelas propostas fugazes do mundo, pois, uma vez transformados pelo encontro com ele, já não é possível voltar atrás.

Rezemos juntos

Senhor, fazei de nós instrumentos da vossa constância!

Pai-nosso e Glória / canto pascal.

9ª ESTAÇÃO
O RESSUSCITADO NA BEIRA DO LAGO

Nós vos adoramos, ó Cristo, e vos bendizemos.
Porque, por vossa Santa Páscoa, remistes o mundo.

Escutar a Palavra (Jo 20,29)

Jesus disse a Tomé: "Você acreditou porque viu? Felizes os que acreditaram sem ter visto".

Escutar o papa Francisco (GE 37)

Graças a Deus, ao longo da história da Igreja, ficou bem claro que aquilo que mede a perfeição das pessoas é o seu grau de caridade, e não a quantidade de dados e conhecimentos que possam acumular. Os "gnósticos", baralhados nesse ponto, julgam os outros segundo conseguem, ou não, compreender a profundidade de certas doutrinas. Concebem uma mente sem encarnação, incapaz de tocar a carne sofredora de Cristo nos outros, engessada numa enciclopédia de abstrações. Ao desencarnar o mistério, em última análise, preferem "um Deus sem Cristo, um Cristo sem Igreja, uma Igreja sem povo".

Escutar o coração

Cristo vai ao encontro de Tomé. Chama-o pelo nome e critica sua falta de fé. Tomé exerce, na verdade, um importante papel na pedagogia bíblica. Ele é o exemplo do amadurecimento na fé. De incrédulo, passa a fazer a maior profissão de fé presente no Evangelho de João: "Meu Senhor e meu Deus" (Jo 20,28). O fato de exigir provas para a fé é um argumento comum ainda hoje, sobretudo entre os jovens. É normal ter dúvidas, questionar, mas é característica da fé confiar na experiência da Verdade que fazemos em comunidade. Verdade que, para nós, não é um conceito ou teoria, mas uma pessoa: Jesus Cristo. Verdade que é alcançada não através de um processo racional, mas encarnando o Evangelho. O diálogo entre razão e fé é, portanto, possível e necessário; e os que necessitam de provas encontram-nas na comunidade cristã, o corpo de Cristo.

Rezemos juntos

Senhor, fazei de nós instrumentos da vossa verdade!

Pai-nosso e Glória / canto pascal.

O RESSUSCITADO APARECE A TOMÉ

8ª ESTAÇÃO

Nós vos adoramos, ó Cristo, e vos bendizemos.
Porque, por vossa Santa Páscoa, remistes o mundo.

Escutar a Palavra (Jo 20,22-23)

Jesus soprou sobre eles, dizendo: "Recebam o Espírito Santo. Os pecados daqueles que vocês perdoarem, serão perdoados. Os pecados daqueles que vocês não perdoarem, não serão perdoados".

Escutar o papa Francisco (GE 80-81)

A misericórdia tem dois aspectos: é dar, ajudar, servir os outros, mas também perdoar, compreender. Mateus resume-o numa regra de ouro: "Tudo, portanto, quanto desejais que os outros vos façam, fazei-o, vós também, a eles" (7,12). [...] Dar e perdoar é tentar reproduzir na nossa vida um pequeno reflexo da perfeição de Deus, que dá e perdoa superabundantemente. Por essa razão, no Evangelho de Lucas, já não encontramos "sede perfeitos" (Mt 5,48), mas "sede misericordiosos como o vosso Pai é misericordioso. Não julgueis, e não sereis julgados; não condeneis, e não sereis condenados; perdoai, e sereis perdoados. Dai, e vos será dado" (6,36-38).

Escutar o coração

Cristo concede aos apóstolos o dom de perdoar os pecados. Curioso notar que o perdão está intimamente ligado ao Espírito Santo. Não há verdadeira reconciliação se esta não partir do Espírito, se não for motivada pelo mistério divino que gera comunhão e unidade. Por isso, a Igreja nos concede o sacramento da reconciliação, o perdão através da confissão. Ao nos confessar, aceitamos nossas culpas e pecados, reconhecemos que somos limitados e que necessitamos da ajuda de Deus para agir de acordo com seu projeto. O sacerdote, que é o continuador da missão dos apóstolos hoje, se torna instrumento dessa reconciliação do penitente com Deus, como testemunha da compaixão e da misericórdia divina que nos toca e nos transforma.

Rezemos juntos

Senhor, fazei de nós instrumentos do vosso perdão!

Pai-nosso e Glória / canto pascal.

7ª ESTAÇÃO

O RESSUSCITADO E O DOM DO PERDÃO

Nós vos adoramos, ó Cristo, e vos bendizemos.
Porque, por vossa Santa Páscoa, remistes o mundo.

Escutar a Palavra (Lc 24,36.38)

Jesus apareceu no meio deles, e disse: "A paz esteja com vocês. Por que vocês estão perturbados, e por que o coração de vocês está cheio de dúvidas?"

Escutar o papa Francisco (GE 88)

Os pacíficos são fonte de paz, constroem paz e amizade social. Àqueles que cuidam de semear a paz por todo lado, Jesus faz-lhes uma promessa maravilhosa: "serão chamados filhos de Deus" (Mt 5,9). Aos discípulos, pedia-lhes que, ao chegar a uma casa, dissessem: "a paz esteja nesta casa!" (Lc 10,5). A Palavra de Deus exorta cada crente a procurar, juntamente "com todos", a paz (cf. 2Tm 2,22), pois "o fruto da justiça é semeado na paz, para aqueles que promovem a paz" (Tg 3,18). E na nossa comunidade, se alguma vez tivermos dúvidas acerca do que se deve fazer, "busquemos tenazmente tudo o que contribui para a paz" (Rm 14,19), porque a unidade é superior ao conflito.

Escutar o coração

Cristo vai ao encontro dos apóstolos. Ele sabe que seus discípulos estão confusos, perturbados, com medo, cheios de dúvidas e questionamentos. São ainda incapazes de compreender o mistério da salvação na sua plenitude. "Agora vemos como em espelho e de maneira confusa; mas depois veremos com clareza" (1Cor 13,12). O ponto de partida para esse processo é a paz. Somente quando estamos em paz, serenos, começamos a ver as coisas como são, com clareza, e somos capazes de abrir nossa casa e nosso coração para acolher Jesus Cristo. Por isso, o cristão deve ser promotor da paz, sempre e em todo lugar. Semeando a paz, estaremos semeando o Evangelho e o amor de Cristo.

Rezemos juntos

Senhor, fazei de nós instrumentos da vossa paz!

Pai-nosso e Glória / canto pascal.

O RESSUSCITADO DESEJA A PAZ AOS DISCÍPULOS

6ª Estação

Via lucis

Nós vos adoramos, ó Cristo, e vos bendizemos.
Porque, por vossa Santa Páscoa, remistes o mundo.

Escutar a Palavra (Lc 24,29-31)

Jesus entrou para ficar com eles. Sentou-se à mesa com os dois, tomou o pão e abençoou, depois o partiu e deu a eles. Nisso os olhos dos discípulos se abriram, e eles reconheceram Jesus.

Escutar o papa Francisco (GE 157)

O encontro com Jesus nas Escrituras nos conduz à Eucaristia, onde essa mesma Palavra atinge a sua máxima eficácia, porque é presença real daquele que é a Palavra viva. Lá o único Absoluto recebe a maior adoração que se lhe possa tributar neste mundo, porque é o próprio Cristo que se oferece. E, quando o recebemos na comunhão, renovamos a nossa aliança com ele e consentimos-lhe que realize cada vez mais a sua obra transformadora.

Escutar o coração

Cristo parte e partilha o pão com seus discípulos. Fez isso durante sua vida pública – multiplicando pães e peixes para saciar a multidão – e o faz novamente após sua ressurreição. Um gesto simples que mostra a continuidade e a unidade entre sua humanidade e sua divindade: Jesus é verdadeiro homem e verdadeiro Deus. Esse dinamismo nos envolve e transforma, pois significa que também a nossa humanidade foi tocada por Deus, fazendo de nós seus filhos. Cabe a nós reconhecer Cristo na Palavra e na Eucaristia, partindo o pão com ele e acolhendo-o na nossa vida. Desse modo, nosso coração arderá de alegria e amor a todo instante.

Rezemos juntos

Senhor, fazei de nós instrumentos da vossa alegria!

Pai-nosso e Glória / canto pascal.

JESUS É RECONHECIDO AO PARTIR O PÃO

5ª ESTAÇÃO

Nós vos adoramos, ó Cristo, e vos bendizemos.
Porque, por vossa Santa Páscoa, remistes o mundo.

Escutar a Palavra (Lc 24,32)

Então um disse ao outro: "Não estava o nosso coração ardendo quando ele nos falava pelo caminho, e nos explicava as Escrituras?"

Escutar o papa Francisco (CV 124)

Cristo vive! É preciso voltar a recordá-lo com frequência, porque corremos o risco de tomar Jesus Cristo apenas como um bom exemplo do passado, como memória, como alguém que nos salvou dois mil anos atrás. Isso não nos serviria de nada, nos deixaria no mesmo, isso não nos libertaria. O que nos enche com a sua graça e nos liberta, o que nos transforma, nos cura e nos conforta é alguém que vive, é o Cristo ressuscitado, cheio de vitalidade sobrenatural, vestido de luz infinita. Por isso, São Paulo dizia: "E se Cristo não ressuscitou, a vossa fé é ilusória" (1Cor 15,17).

Escutar o coração

Cristo vai ao encontro dos discípulos de Emaús. Ofuscados pela aparente derrota de Jesus, esses dois jovens desanimam e saem de Jerusalém. Dão as costas ao Mestre e ao que aprenderam ao longo dos meses que passaram ao seu lado. Fogem! Afastam-se do lugar em que o Mestre foi crucificado, com a falsa ilusão de que encontrarão luz e paz no isolamento. Mas Cristo não nos deixa sós, não dá as costas aos seus amigos. Cristo não nos abandona jamais, e por isso também nós devemos resistir à tentação de abandoná-lo, de trocar o Evangelho pelas coisas que a vida "mundana" nos oferece.

Rezemos juntos

Senhor, fazei de nós instrumentos da vossa fidelidade!

Pai-nosso e Glória / canto pascal.

4ª ESTAÇÃO
NO CAMINHO DE EMAÚS

Nós vos adoramos, ó Cristo, e vos bendizemos.
Porque, por vossa Santa Páscoa, remistes o mundo.

Escutar a Palavra (Jo 20,16.18)

Jesus disse: "Maria". Ela virou-se e exclamou em hebraico: "Rabuni!" Então Maria Madalena foi e anunciou aos discípulos: "Eu vi o Senhor". E contou o que Jesus tinha dito.

Escutar o papa Francisco (CV 126)

Contempla Jesus feliz, transbordante de alegria. Alegra-te com teu amigo que triunfou. Mataram o santo, o justo, o inocente, mas Ele venceu. O mal não tem a última palavra. Na tua vida, o mal também não terá a última palavra, porque teu amigo que te ama quer triunfar em ti. Teu Salvador vive.

Escutar o coração

Cristo vai ao encontro da sua amiga Maria Madalena. Ela não o reconhece de imediato, pois tem o coração obscurecido pela tristeza e pelos preconceitos, traz na mente apenas o Jesus humano, e não consegue contemplar ainda o Cristo glorioso. Quantas vezes também nós vemos apenas o homem Jesus: um sábio, um guru que propõe bela filosofia de vida, belos ensinamentos de autoajuda. Não! Cristo é muito mais. Ele é o Filho de Deus que se doou para nos salvar. Ele é o nosso único Mestre, o nosso único Messias, e assim devemos reconhecê-lo no nosso cotidiano.

Rezemos juntos

Senhor, fazei de nós instrumentos do vosso discipulado!

Pai-nosso e Glória / canto pascal.

3ª ESTAÇÃO

O RESSUSCITADO ENCONTRA MARIA MADALENA

Nós vos adoramos, ó Cristo, e vos bendizemos.
Porque, por vossa Santa Páscoa, remistes o mundo.

Escutar a Palavra (Jo 20,6-7)

Pedro, que vinha correndo atrás, chegou também e entrou no túmulo. Viu os panos de linho estendidos no chão e o sudário que tinha sido usado para cobrir a cabeça de Jesus.

Escutar o papa Francisco (CV 32)

Jesus ressuscitou e quer nos tornar participantes da novidade de sua ressurreição. Ele é a verdadeira juventude de um mundo envelhecido, e também é a juventude de um universo que espera com "dores de parto" (Rm 8,22) ser revestido com sua luz e sua vida. Junto dele, nós podemos beber do verdadeiro manancial, que mantém vivos os nossos sonhos, nossos projetos, nossos grandes ideais, e isso nos lança ao anúncio da vida que vale a pena.

Escutar o coração

Cristo supera a morte. O sepulcro vazio não é prova da ressurreição, mas é sinal claro de confiança e esperança nas palavras de Jesus. Parece uma contradição, pois todas as suas palavras, ensinamentos, ações e missão culminam no silêncio do sepulcro vazio. Silêncio que fala mais do que qualquer palavra. Silêncio que nos coloca em diálogo com nós mesmos e com Deus. Que gera, produz, cria, fecunda. Silêncio que nos protege dos rumores da vida, das palavras vazias, das agitações inúteis. Cristo nos convida a abandonar os "sepulcros" que nos impedem de viver plenamente e a nos mostrar revestidos da glória que ele nos concedeu. Exorta-nos a deixar o sepulcro vazio para buscar o Cristo vivo, pois, se ressuscitarmos com Cristo, com ele viveremos (cf. Rm 6,8; 2Tm 2,11).

Rezemos juntos

Senhor, fazei de nós instrumentos do vosso silêncio!

Pai-nosso e Glória / canto pascal.

2ª ESTAÇÃO

O SEPULCRO ESTÁ VAZIO

Nós vos adoramos, ó Cristo, e vos bendizemos.
Porque, por vossa Santa Páscoa, remistes o mundo.

Escutar a Palavra (Lc 24,5-6)
Por que vocês estão procurando entre os mortos aquele que está vivo? Ele não está aqui! Ressuscitou!

Escutar o papa Francisco (CV 1-2)
CRISTO VIVE: é Ele a nossa esperança, e a mais bela juventude deste mundo! Tudo o que Ele toca se torna jovem, se torna novo, se enche de vida. Por isso, as primeiras palavras que quero dirigir a cada um dos jovens cristãos são: Ele vive e te quer vivo! Ele está em ti, Ele está contigo e nunca te abandona. Por mais que te distancies, ali está o Ressuscitado, chamando-te e esperando-te para começar de novo. Quando te sentires envelhecido pela tristeza, ressentimentos, medos, dúvidas ou fracassos, Ele estará ali para te devolver a força e a esperança.

Escutar o coração
Cristo vive, Cristo ressuscitou! Essa é a maior alegria cristã, que deve ser repetida e enaltecida a todo momento. Com a sua ressurreição, Cristo nos dá vida nova, livra-nos da morte para nos dar a vida plena. Não reinam mais a dor e a tristeza da morte, mas é Deus quem tem a última palavra e ilumina o mundo com sua luz radiante. Demos graças a Deus pela nossa vida, pela nossa juventude, pelos inúmeros sonhos que a ressurreição do Senhor nos possibilitou. Ele vive e quer que cada um de nós viva intensamente, semeando o amor e a alegria por onde passarmos.

Rezemos juntos
Senhor, fazei de nós instrumentos da vossa vida!

Pai-nosso e Glória / canto pascal.

1ª ESTAÇÃO

JESUS RESSUSCITOU!

Via lucis

Nós vos adoramos, ó Cristo, e vos bendizemos.
Porque, por vossa Santa Páscoa, remistes o mundo.

VIA LUCIS

Sinal da cruz

Oração inicial*
Ó Cristo vitorioso, ajuda-nos a transformar a nossa conversão feita de palavras em conversão de vida e de obras. Ajuda-nos a guardar em nós uma recordação viva do teu rosto desfigurado, para que nunca nos esqueçamos do altíssimo preço que pagaste para nos libertar. Ensina-nos que a cruz é caminho para a ressurreição.

Ensina-nos que a Sexta-feira Santa é caminho para a Páscoa da luz; ensina-nos que Deus nunca esquece nenhum dos seus filhos e nunca se cansa de nos perdoar e abraçar com a sua misericórdia infinita. Mas ensina-nos também a não nos cansar de pedir perdão e crer na misericórdia sem limites do Pai. Amém!

Canto pascal.

---

*Oração do papa Francisco ao final da *via crucis* no Coliseu, Roma, 3/4/15.

Coleção **VIA CRUCIS**
- *Santo exercício da Via-Sacra, com meditações dos Padres da Igreja*,
  Danilo Alves Lima (org.)
- *Via-Sacra: a Virgem Maria acompanha o sofrimento do seu Filho*,
  João Paulo Bedor; Danilo Alves Lima (orgs.)
- *As Sete Palavras: meditações*, Pe. João Paulo Bedor
- *Jovens com Cristo: no caminho da cruz e da ressurreição*,
  Frei Darlei Zanon

Frei Darlei Zanon, ssp

JOVENS COM
CRISTO

NO CAMINHO
DA RESSURREIÇÃO